BEI GRIN MACHT SICH IHR WISSEN BEZAHLT

- Wir veröffentlichen Ihre Hausarbeit,
  Bachelor- und Masterarbeit

- Ihr eigenes eBook und Buch -
  weltweit in allen wichtigen Shops

- Verdienen Sie an jedem Verkauf

Jetzt bei www.GRIN.com hochladen und kostenlos publizieren

Bibliografische Information der Deutschen Nationalbibliothek:

Die Deutsche Bibliothek verzeichnet diese Publikation in der Deutschen National-bibliografie; detaillierte bibliografische Daten sind im Internet über http://dnb.d-nb.de/ abrufbar.

Impressum:

Copyright © 2019 GRIN Verlag
Druck und Bindung: Books on Demand GmbH, Norderstedt Germany
ISBN: 9783346156112

Katherina Weber

Trainingslehre. Beweglichkeits- und Koordinationstraining

Erstellung eines Trainingsplans für eine 37-jährige Frau

GRIN Verlag

Deutsche Hochschule für
Prävention und Gesundheitsmanagement

Einsendeaufgabe

Gesundheitsmanagement

Katherina Weber

Inhaltsverzeichnis

1   LÖSUNG AUFGABE 1 3

2   LÖSUNG AUFGABE 2 3

3   LÖSUNG AUFGABE 3 7

4   LÖSUNG AUFGABE 4 10

5   LÖSUNG AUFGABE 5 12

6   LITERATURVERZEICHNIS 14

7   TABELLENVERZEICHNIS 15

1 Lösung Aufgabe 1

Im Folgenden werden in der Tabelle die allgemeinen Daten für die Testperson dargestellt.

Tab.1: Eigene Darstellung, allgemeine Daten der Testperson.

Geschlecht	Weiblich
Alter	37
Körpergröße	171 cm
Körpergewicht	69 kg
Beruf	Bürokauffrau
Trainingsmotive	-Nackenschmerzen lindern
	- Rückenschmerzen im LWS- Bereich lindern
Sportliche Aktivität	1x Woche Pilates
	1x Woche Tennis
Zeitlicher Verfügungsrahmen	2-3 Mal die Woche, 30-45 Minuten
Allgemeiner Gesundheitszustand	-Nackenschmerzen
	-ab und zu Rückenschmerzen im LWS- Bereich

Die Kundin weist einen normalen Allgemeinzustand auf. Sie befindet sich aktuell in keiner ärztlichen Behandlung und nimmt keine Medikamente ein. Die Anamnese zeigt keine besonderen Krankheiten auf. Die Probandin klagt lediglich über Nackenschmerzen und hin und wieder auftretende Schmerzen im LWS- Bereich.

Die Testperson liegt mit ihrem Körpergewicht (69kg) noch im Normbereich (56-71kg) (Wirth, 2000), dies sollte im Hinblick auf die Trainingsplanung kein Problem sein.

Die sportliche Aktivität der Probandin zeigt einen mäßig- durchschnittlichen Fitnesszustand auf.

2 Lösung Aufgabe 2

Um die Beweglichkeit der Probandin zu überprüfen, wird ein Beweglichkeitstest nach Janda (2000) durchgeführt. Durch den Beweglichkeitstest können eventuelle Beweglichkeitsdefizite diagnostiziert werden. Bei der Testdurchführung werden nacheinander folgende Muskelgruppen getestet: M. pectoralis major, M. iliopsoas, M. rectus femoris, Mm. ischiocrurales und Mm. Triceps surae.

Der Beweglichkeitstest wird in drei Stufen bewertete:

Stufe 0: Keine Beweglichkeitsdefizite

Stufe 1: Leichte Beweglichkeitsdefizite

Stufe 2: Deutliche Beweglichkeitsdefizite.

Tab.2: Eigene Darstellung, Beweglichkeitstest nach Janda (2000).

Testübung:	Ausführung:	Bewertung:	Ergebnis:
M. pectorais major	Die Probandin legt sich in Rückenlage auf einen Tisch. Dabei sind die Beine angewinkelt, aufgestellt, damit das Becken fixiert ist. Der Oberkörper der Kundin wird so positioniert, damit der Rücken an der Liegefläche abschließt. Der Thorax wird mit der Hand des Testers diagonal zur Schulter fixiert. Der getestete Arm ist im Schultergelenk abduziert und außenrotiert, sodass der Ellenbogen sich in einem 90 Grad Winkel befindet. Die Handfläche zeigt dabei geöffnet nach oben. Die Horizontale des Oberarms dient als Messwert.	Stufe 0 = Oberarm erreicht Horizontale. Stufe 1 = Oberarm erreicht Horizontale durch Druck des Testers. Stufe 2 = Oberarm erreicht Horizontale auch durch Druck des Testers nicht.	Rechts: 0 Links: 0
M. iliopsoas	Die Kundin nimmt eine Rückenlage auf dem Tisch (Behandlungsliege) ein. Das Gesäß ist genau am Rand des Tisches. Die Beine hängen dabei vertikal vom	Stufe 0 = Oberschenkel erreicht Horizontale. Durch leichten Druck des Testers kann der Oberschenkel auch unter die Horizontale bewegt werden.	Rechts: 1 Link: 1

	Tisch runter. Die Probandin zieht ein Bein zu sich an den Körper ran (Tester kann durch leichten Druck auf das angewinkelte Bein die Probandin unterstützen). Das andere Bein hängt vertikal runter. Dabei findet eine Flexion im Hüftgelenk statt. Dadurch, dass sich das Bein im Überhang befindet kann eine maximale Extension im Hüftgelenk getestet werden.	Stufe 1 = Oberschenkel erreicht die Horizontale nur durch leichten Druck des Testers. Stufe 2 = Oberschenkel erreicht Horizontale auch nicht durch leichten Druck des Testers.	
M. rectus femoris	Die Kundin nimmt eine Rückenlage auf dem Tisch (z.B. Behandlungstisch) ein. Das Gesäß ist dabei am Rand. Die Beine sind im Überhang. Die Probandin zieht ein Bein zu sich zum Körper heran. Das herunterhängende Bein wird durch den Tester am Knie und Fuß fixiert. Als Messwert gilt der Kniebeugewinkel (Winkel zwischen Ober- und Unterschenkel). Dabei findet im Kniegelenk eine Extension und	Stufe 0 = Unterschenkel hängt senkrecht runter, durch leichten Druck des Testers kann die Kniebeuge vergrößert werden. Stufe 1 = Unterschenkel erreicht 90 Grad (im Kniebeugewinkel) durch leichten Druck des Testers. Stufe 2 = Unterschenkel erreicht 90 Grad im Kniegelenk auch nicht durch Druck des Testers	Rechts: 0 Links: 0

.	im Hüftgelenk eine Flexion statt.		
Mm. ischiocrurales	Die Kundin nimmt eine Rückenlage auf der Behandlungsliege ein. Ein Bein, das nicht getestet wird, ist angewinkelt (Flexion im Hüft-Kniegelenk). Das getestete Bein wird gestreckt vom Tester in eine Extension in Richtung Brust geführt, um die maximale Hüftflexion zu erreichen. Das getestete Bein muss in der Streckung bleiben!	Stufe 0 = eine Hüftflexion von 90 Grad ist möglich. Stufe 1 = eine Hüftflexion von 80- 90 Grad ist möglich Stufe 2 = eine Hüftflexion von unter 80 Grad ist möglich	Rechts: 1 (85 Grad) Links: 1 (85 Grad)
Mm. triceps surae	Die Probandin liegt in Rückenlage auf einer Behandlungsliege. Das nicht zu testende Bein ist gebeugt auf dem Tisch. Das Testbein ist gestreckt. Die distale Hälfte des Unterschenkels ragt über das Tischende hinaus. Der Tester nimmt den Fuß am Fersenbein distal in die Hand. Die andere Hand greift den Fuß an der Außenkante. Daraufhin wird der Fuß durch den Daumen der anderen	Stufe 0 = Dorsalextension ist min. bis zur 0 Grad möglich. Stufe 1 = Dorsalextension bis 0 Grad möglich, wird aber nicht ganz erreicht. Stufe 2 = Dorsalextension ist nur bis 10 Grad unterhalb 0 Grad möglich.	Rechts: 0 Links: 0

	Hand in die maxi- male Dorsalexten- sion geführt.		

Beim ersten Test, des M. pectoralis major bewegt sich der Arm der Kundin minimal unter die Horizontale. Durch Druck des Testers kann der Arm noch unter die Horizontale geführt werden. Die Probandin erreicht beim Test Stufe 0. und hat somit keine Beweglichkeitsdefizite im pectoralis major.

Bei der Testausführung des M. iliopsoas erreicht der Oberschenkel nur durch Druck des Testers die Horizontale.

Die Kundin hat leichte Beweglichkeitsdefizite im M. iliopsoas und erreicht Stufe 1.

Der Grund für dieses Defizit könnte die dauernd sitzende Alltagsbelastung (beruflich bedingt) sein.

Bei der Testung des M. rectus femoris, hing der Unterschenkel der Probandin senkrecht herab. Durch leichten Druck des Testers konnte man die Kniebeuge vergrößern.

Die Kundin hat im M. rectus femoris keine Beweglichkeitsdefizite.

Bei der vierten Testung, des Mm. ischiocrurales war die Flexion im Hüftgelenk bei 85 Grad. Die Probandin erreichte Stufe 1. und hat hier leichte Beweglichkeitsdefizite im Hüftgelenk.

Bei der Testung des Mm. triceps surae war eine Dorsalextension bis min. zur 0 Grad Stellung möglich. Die Kundin erreichte Stufe 0. Sie hat keine Beweglichkeitsdefizite im Mm. triceps surae.

3   Lösung Aufgabe 3

Im Folgenden wird ein Trainingsplan für ein Beweglichkeitstraining erstellt. Hierbei werden auf die Beweglichkeitsdefizite im M. iliopsoas (Hüftbeugemuskulatur) und M. ischiocrurales (Kniebeugemuskulatur) Schwerpunkte gesetzt. Zudem werden spezielle Übungen gegen die Angegebenen Schmerzen im Nacken Bereich eingebaut.

Tab.3: Trainingsplan Beweglichkeitstraining (Eigene Darstellung).

Methoden: aktiv/passiv; postisometrisch; dynamisch/statisch
Trainingseinheit die Woche: 3 Mal

Serienzahl: 3

Dehndauer: 45 Sekunden (je Seite)

Intensität statisch: Maximale Bewegungsreichweite

Intensität dynamisch: langsame Bewegung bis zur Maximalen Bewegungsreichweite, danach langsam löse

Postisometrische Methode: 10 Sekunden Zielmuskel kontrahieren -> 3 Sekunden Entspannung Zielmuskel -> 15 Sekunden Dehnposition wieder einnehmen

Übung/ Muskel	Beschreibung	Methode
Übung 1: M. pectoralis major	Der Arm wird an eine Wand angelehnt; der Ellbogen ist gebeugt. Den Oberkörper in die Entgegengesetze Richtung abdrehen und wieder lösen.	dynamisch- passiv
Übung 2: M. pectoralis major	Hüftbreiterstand wird eingenommen. Hände hinter dem Körper zusammenfalten. Arme Hinten aktiv hochziehen.	dynamisch-aktiv
Übung 3: M. ischiocrurales	Hüftbreiten Stand einnehmen; Oberkörper und Arme nach vorne zu den Zehenspitzen fallen lassen; in der Position bleiben, dabei die Hüftbeugung aktiv verstärken und lösen.	dynamisch- aktiv
Übung 4: M. ischiocrurales	Rückenlage einnehmen; ein Bein angewinkelt auf dem Boden lassen, das andere Bein am hinteren Bein fassen und zu sich heranziehen. M. ischiocrurales kontrahieren (10"); alle Muskeln entspannen (3"); Dehnposition wieder einnehmen (15"). Davon 3 Wiederholungen.	postisometrisch-passiv
Übung 5: M. ischiocrurales	Kniestand, ein Bein nach vorne strecken (Ferse ist fest im Boden); Wirbelsäule ist gerade; Oberkörper nach Vorne zum gestreckten Bein. Die Hände sind links und rechts	statisch- passiv

	vom gestreckten Bein zur Stabilisierung auf dem Boden.	
Übung 6: M. rectus femoris	Hüftbreiterstand, ein Bein nach hinten anwinkeln und am Fußrücken ziehen. Kniee sind parallel zueinander.	statisch-passiv
Übung 7: M. iliopsoas	Ausfallschritt, das hintere Knie und Unterschenkel ist auf dem Boden; Oberkörper mit den Händen am vorderen Knie abstützen. Körperschwerpunkt abwechselnd nach vorne und hinten (wippen) verlagern.	dynamisch- passiv
Übung 8: M. iliopsoas	Hüftbreiterstand; Hände in die Hüfte und das Becken nach vorne schieben. Diese Position halten.	statisch- passiv
Übung 9: M. recturs capitis	Hüftbreiterstand; Kopf zur Seite neigen (Blickrichtung nach vorne). Kopfneigung gegenüberliegende Schulter nach unten ziehen.	statisch-aktiv- passiv
Übung 10: Mm. triceps surae	Hüftbreiterstand, ein Bei nach hinten strecken und aufstellen (ganze Fußsohle am Boden). Vordere Bein ist im Kniegelenk gebeugt, Oberkörper leicht nach vorne beugen. Oberkörper und hinteres Bein bilden eine Linie.	statisch-passiv

Laut Schönthaler und Ohlendorf (2002, S. 29), kann ein Dehntraining bei regelmäßiger Ausführung die Beweglichkeit kurz-, mittel- und langfristig verbessern. Zudem wird durch das Dehntraining die Schwingungsweite eines Gelenks wieder verbessert (Schönthaler & Ohlendorf, 2002, S. 51-52).

Bewegungseinschränkungen, wie bei der Probandin im M. iliopsoas und M. ischiocrurales kommen oft von Haltungsschäden, diese können durch Dehntraining verhindert werden (Bruckmann & Recktenwald, 2012, S.112).

Es wurde bewusst ein Dehntraining über ein Minimalprogramm (2-3 Mal pro Woche) für die Probandin erstellt (Franco, Signorelli, Trajano & De Oliveira, 2008), da für ein Optimalprogramm (tägliches Training) keine Kapazität da ist. Das Dehntraining orientiert sich an die Empfehlung: Dehndauer ca.: 45 Sekunden, Serienzahl: 3-4 und Trainingshäufigkeit pro Woche: 2-3 (Franco, Signorelli, Trajano & De Oliveira, 2008). Zudem werden eine hohe Dehnintensität und maximale Bewegungsreichweite als effektiver betrachtet.

4 Lösung Aufgabe 4

Tab.4: Trainingsplan Koordination (Eigene Darstellung)

Trainingshäufigkeit: 2 Mal wöchentlich

Trainingsdauer: 13 Minuten inkl. Pause

Übung	Beschreibung	Satz/ Pause/ Dauer
1. Orientierungsfähigkeit	Den Hüftbreitenstand einnehmen, einen Ball mit beiden Händen festhalten und die Arme nach vorne strecken. Augen schließen und von den Zehnspitzen auf die Fersen wippen.	1 Satz/ - Pause/ 30" Dauer
2. -Gleichgewichtsfähigkeit -Koordinationsfähigkeit	Stabilen Stand auf einem Bein einnehmen (Gewicht auf das Standbein verlagern), mit dem anderen Bein eine 8 auf dem Boden zeichnen. Dabei darf das Bein nicht abgesetzt werden.	1 Satz pro Seite/ 5" Pause/ 30" Dauer
3. -Gleichgewichtsfähigkeit -Kombinationsfähigkeit	Hüftbreiterstand, beide Arme sind gestreckt nach vorne und halten einen Ball. In die Kniebeuge gehen, Arme (inkl. Ball) dabei nach oben am Ohr vorbei strecken. Hochkommen und auf die Zehnspitzen gehen, die Arme sind dabei nach vorne gerichtet (inkl. Ball).	1 Satz pro Seite/ 10" Pause/ 30" Dauer
4. Kombinationsfähigkeit	Zwei unterschiedliche Bälle (Volleyball/ Tennisball) gleichzeitig dribbeln und dabei gehen.	1 Satz/- Pause/ 1 Minute Dauer
5. Gleichgewichtsfähigkeit	Mit einem Bein auf das Balance Pad stellen. Den Tennisball hochwerfen und wieder fangen.	3 Sätze/ 5" Pause/ 20" Dauer

6.	-Orientie-rungsfähig-keit -Gleichge-wichtsfähig-keit	Auf einer 5 m langen Linie mit geschlos-senen Augen balancieren.	2 Sätze/ -Pause/- Dauer
7.	-Differenzie-rungsfähig-keit -Reaktions-fähigkeit	Zwei Tennisbälle gegen die Wand prel-len. Dabei versuchen die Bälle nicht zu verlieren.	1 Satz/ -Pause/ 60" Dauer
8.	Gleichge-wichtsfähig-keit	Auf dem Balance Pad mit einem Bein stehen, mit dem anderen Bein einen Ball von rechts nach vorne und nach links (hin und her) führen.	1 Satz pro Seite/ -Pause/ 40" Dauer
9.	Gleichge-wichtsfähig-keit	Vierfüßler Stand: Linkes Bein nach hin-ten strecken, rechten Arm nach vorne am Ohr vorbei strecken. Knie und Ellbogen unterm Körper zusammenführen und wieder strecken.	2 Sätze pro Seite/ 5" Pause/ 30" Dauer
10.	Gleichge-wichtsfähig-keit	Standwaage auf dem Balance Pad.	2 Sätze pro Seite/ 5" Pause/ 30" Dauer

Bei der Trainingsplanung wurden die Hobbys der Probandin berücksichtigt. Sie spielt ein Mal die Woche Tennis und ein Mal die Woche besucht sie einen Pilates Kurs. Aus diesem Grund wurde der Schwerpunkt auf die Gleichgewichts-, Orientierungs- und Reaktionsfähigkeit gesetzt. Diese Übungen kommen der Testperson bei ihren Frei- zeitaktivitäten sehr zugute.

Beim Koordinationstraining wird nicht nur die Bewegung und Haltung schnell erlernt, man erhält dadurch ebenfalls eine bessere Gelenk- und Körperstabilität (Chwilkowski, 2006, 10 f Hirtz, 2007, S.220 ff.).

Außerdem wird durch die Verbesserung der koordinativen Fähigkeiten die Leistung im Sport, in diesem Fall im Tennis und Pilates verbessert (Harre, 1985, S. 190; vgl. Hirtz, 2007, S. 218).

5 Lösung Aufgabe 5

Es wurden zum Thema „Effekte des Dehnens auf die Bewegungsreichweite bzw. auf die Dehnungsspannung" zwei verschiedene Studien dargestellt. Siehe Tab. 5 und Tab. 6.

Tab.5: Literaturrecherche 1 (eigene Darstellung)

Name der Studie:	Statisches Stretching beeinträchtigt die Sprintleistung bei Collegesportlern (Static streching impairs sprint perfomance in collegiate track an field athletes)
Erscheinungsjahr:	2008
Autoren:	Winchester, Nelson, Landin, Young, Schexnayder
Versuchspersonen:	Elf Männer (Alter = 20,2 ± 1,3 Jahre, Masse = 81,0 ± 8,9 kg und Höhe = 185,7 ± 8,1 cm) und 11 Frauen (Alter = 20,3 ± 1,2 Jahre, Masse = 62,3 ± 8,6 kg und Höhe = 170,9 ± 10,2 cm) des national platzierten Leichtathletik- Teams der Louisiana State University und Teilnehmer der NCAA- Hallensaison 2005. Alle Probanden waren im Sprintstart hochqualifiziert.
Versuchsaufbau:	Es sollte erforscht werden, ob die damaligen Studien recht hatten, bezüglich der negativen Wirkung von einem passiv- statischem Stretching, auf die Leistungsfähigkeit der Sportler und ob ein dynamisches Aufwärmprogramm mit seinen positiven Effekten wirkungslos gemacht wird. An zwei Messtagen (im Abstand von einer Woche) führten die Athleten ein dynamisches Aufwärmprogramm durch. Ein Teil der Probanden ruhte sich im Anschluss aus. Der andere Teil machte ein 10-minütiges Stretching-Programm. Im Anschluss musste die Stretching-Gruppe drei 40 Meter-Sprints (5 min. Pause je Lauf) einlegen. Dabei wurde die Zeit bei 0-20m, 20m- 40m und 0-40m gemessen.

Ergebnis:	Ein Stretching- Programm nach einem dyna-mischen Aufwärmprogramm wirkt leistungs-mindernd auf die Sprintleistung der Sportler aus. Nicht Stretching Gruppe: 20-40m Sprint 2.38 Sekunden und 5.6 Sekunden. Stretching Gruppe: 20-40m Sprint 2.41 Sekunden und 5.7 Sekunden.

Tab.6: Literaturrecherche 2 (Eigene Darstellung)

Name der Studie:	Bewegungsreichweite, Zugkraft und Mus-kelaktivität bei eigen- bzw. fremdregulierter Dehnung
Erscheinungsjahr:	2002
Autoren:	Glück, Schwarz, Hoffmann, Wydra
Versuchspersonen:	27 Sportstudenten [(m=16, w=11); 25±2 Jahre; 68±10 kg; 176±8 cm]. Ausgeschlossen Sportler die Sportarten mit überdurchschnitt-lich hohen Beweglichkeitsanteilen verfügen.
Versuchsaufbau:	Die Studenten wurden in drei zufällige Grup-pen aufgeteilt. Test 1: Direkte Eigendehnung (DE) durch selbstständiges Dehnen über einen Seilzug. Test 2: Indirekte Eigendehnung (IE) durch selbstständiges Bedienen eines Motors. Test 3: Indirekte Fremddehnung (IF) durch den Testleiter. Innerhalb einer Woche fanden drei Termine zum Gewöhnen statt. Dabei sollten die Pro-banden sich mit dem Mess- Gerät vertraut machen. Daraufhin folgte eine einwöchige Pause. Danach begann die dreiwöchige Test-phase mit je einem Test pro Woche (Gesamte Testzeit: fünf Wochen). Vor jedem Test war ein fünfminütiges Aufwär-men auf einem Fahrradergometer nötig.
Ergebnis:	Der BRmax lag bei der direkten Eigendeh-nung bei 5% und damit viel höher als bei der Indirekten Eigen- und Fremddehnung. Zwi-schen den indirekten Verfahren konnte man keinen Unterschied nachweisen.

	Die direkte Eigendehnung ist nach dieser Studie vorteilhafter.

6 Literaturverzeichnis

Bruckmann, K. & Recktenwald, H. D. (2002). *Schulbuch Sport: Ein Arbeitsbuch für Schülerinnen und Schülerder Sekundarstufe I und II.*

Chwilkowski, C. (2006). *Medizinisches Koordinationstraining – Verbesserung der Haltungs- und Bewegungskoordination durch Propriozeption* (2. Aufl.). Köln: Deutscher Trainer Verlag. Aachen: Meyer & Meyer.

Franco, B. L., Signorelli, G. R., Trajano, G. S. & de Oliveira, C. (2008). Acute effects of different stretching exercises on muscular endurance. *Journal of Strength and Conditioning Research, 22* (6), 1832-1837.

Glück, S., Schwarz, M., Hoffmann, U., Wydra (2002). *Bewegungsreichweite, Zugkraft und Muskelaktivität bei eigen- bzw. fremdregulierter Dehnung.* Zugriff am: 15.03.2019. Verfügbar unter: https://www.germanjournalsportsmedicine.com/fileadmin/content/archiv2002/heft03/a01_0302.pdf

Harre, E. (1985). *Trainingslehre.* Zugriff am: 16.03.2019. Verfügbar unter: https://www.hofmann-verlag.de/pdf/PI_65_Theorie.pdf

Janda, V. (2000). *Manuelle Muskelfunktionsdiagnostik* (4. Aufl.). München: Urban und Fischer.

Schönthaler, S.R. & Ohlendorf, K. (2002). *Biomechanische und neurophysiologische Veränderungen nach ein- und mehrfach seriellem passiv- statischem Beweglichkeitstraining.* Köln: Sport und Buch Strauss.

Winchester, J. B., Nelson A. G., Landin, D. & Schexnayder, I. C. (2008). Static Stretching Impairs Sprint Performance in Collegiate Track an Field Athletes. *Journal of Strength and Conditioning Research 22* (1), 13- 18.

Wirth, A. (2000). *Adipositas* (1. Aufl.). Springer- Verlag Berlin Heidelberg.

7 Tabellenverzeichnis

Tab. 1: Eigene Darstellung, allgemeine Daten der Testperson

Tab. 2: Eigene Darstellung, Beweglichkeitstest nach Janda (2002)

Tab. 3: Eigene Darstellung, Trainingsplan Beweglichkeitstraining

Tab. 4: Eigene Darstellung, Trainingsplan Koordination

Tab. 5: Eigene Darstellung, Literaturrecherche 1

Tab. 6: Eigene Darstellung Literaturrecherche 2